Rezeptübersicht

Einige Zutaten in diesem Buch werden Ihnen vielleicht neu sein. Wir haben deshalb eine kleine Übersicht mit Erklärung erstellt. Zu finden sind diese Zutaten im türkischen Supermarkt. Viele Supermärkte (z.B. Rewe) führen mittlerweile eine Extra-Abteilung mit Spezialitäten aus verschiedenen Ländern.

In Rezepten in denen scharfes Paprikamark verwendet wurde, können Sie genauso mildes Paprikamark benutzen. Je nachdem wie scharf oder mild man es möchte.

Acı Pul Biber
(scharfe Chiliflocken)

Gerösteter Sesam

Acı Pul Biber Tatlı
(süße türkische Paprikaflocken)

Köftelik Bulgur

ist feiner als normaler Bulgur

Sumach Gewürz

(Sumak, Essigbaumfrucht)
säuerlich-fruchtiger Geschmack

Harissa Gewürz

Würzmischung aus Chili, Paprika, Cumin, Knoblauch, Meersalz, Minze und Koriander

Weißkäse in Salzlake

(Beyaz Peynir, Weichkäse)
ähnlich wie Fetakäse, hat aber eine cremige Konsistenz

Tatlı Biber Salçası

mildes Paprikamark

Acı Biber Salçası

scharfes Paprikamark

Ajvar

(Ajwar, Hajvar, Kavyar)
pikante Würzpaste aus Paprika und Auberginen von mild bis scharf erhältlich

Orientalisches Fladenbrot Labneh

Für den Dip

500 g Joghurt
etwas Salz
etwas Olivenöl
etwas Za'atar

Joghurt in ein mit Küchenkrepp ausgelegtes Haarsieb geben. Sieb in eine Schüssel stellen und den Joghurt im Kühlschrank über Nacht abtropfen lassen. Am nächsten Tag Joghurt mit etwas Salz anrühren und in eine Schale geben. Etwas Olivenöl und Za'atar darüber geben und servieren.

6 Portionen

Für den Teig

½ Würfel frische Hefe
2 TL Zucker
170 g Milch, 1,5%
50 g Wasser
130 g Naturjoghurt, 1,5%
450 g Pizzamehl, Type 00 (altern. Weizenmehl, Type 405)
1 TL Salz
20 g Öl

Weitere Zutaten:
50 g Sahne
1 EL Schwarzkümmelsamen
1 EL Za'atar*
je 1 EL weißer & schwarzer Sesam

Za'atar
*Gewürzmischung siehe S. 21

Naan-Brot Variante:
Teig in kleine Portionen teilen und zu dünnen Fladen ausrollen. In einer Pfanne ohne Fett braten, bis er Blasen wirft und wenden.

Zubereitung

Hefe, Zucker, Milch und Wasser im Mixtopf **2 Min./37°C/Stufe 1** erwärmen. Restliche Zutaten zugeben und **2 Min./Teigstufe** kneten. Teig in Schüssel geben und abgedeckt ca. 1 Std. gehen lassen.

Ein Backblech mit Backpapier belegen und mit etwas Öl beträufeln. Teig daraufgeben und mit beölten Händen in Form drücken. Nochmal 20 Min. ruhen lassen und in der Zwischenzeit Backofen auf 200°C Umluft vorheizen.

Mit einer Teigkarte oder einem stumpfen Messer ein Muster eindrücken. Sahne darüber gießen und mit Schwarzkümmel, Za'atar und Sesam bestreuen. Im vorgeheizten Backofen 20 Min. backen.

Pro Portion: 454 kcal | 65 g KH | 22 g EW | 11 g Fett

Schafskäse-Brötchen

Dazu servieren Sie einen Dip oder Aufstrich.

12 Brötchen

Für den Teig

200 g Naturjoghurt, 3,5%
100 g Öl
1 TL Salz
2 Eiweiß
400 g Weizenmehl, Type 405
½ P. Backpulver

Für den Belag

100 g Fetakäse
1 Handvoll Petersilie
1 Eigelb
etwas Sesam

Zubereitung

Joghurt, Öl und Salz in den Mixtopf geben und **15 Sek./Stufe 4** mixen. Eiweiß, Mehl und Backpulver zugeben und **25 Sek./Stufe 4** vermengen. Aus dem Teig kleine Kugeln formen (ca. 60-70 g) und auf ein mit Backpapier belegtes Backblech legen. Backofen auf 180°C Umluft vorheizen.

Fetakäse mit einer Reibe raspeln oder mit einem Messer fein hacken. Petersilie hacken und mit dem Fetakäse vermengen. In die Teigkugeln eine leichte Mulde in der Mitte eindrücken, mit dem Eigelb bepinseln und mit Sesam bestreuen.

Nun das Feta-Petersilie-Gemisch mittig auf die Brötchen geben und im vorgeheizten Backofen ca. 20 Min. backen.

Pro Brötchen: 215 kcal | 25 g KH | 6 g EW | 10 g Fett

4 Portionen

Auberginen-Salat

Zutaten

2	Auberginen
2	Tomaten
½	rote Zwiebel
etwas	Petersilie
etwas	Minze
½ TL	Meersalz
1 EL	Olivenöl
etwas	Pfeffer, gem.
etwas	Sumach Gewürz

Zubereitung

Auberginen auf ein mit Backpapier belegtes Backblech legen und mit einer Gabel mehrmals einstechen. Bei 220°C Umluft ca. 35 Min. garen. Danach mit einem feuchten Geschirrtuch abdecken und abkühlen lassen.

In der Zwischenzeit Tomaten und Zwiebel klein würfeln. Petersilie und Minze hacken. Die Haut der abgekühlten Auberginen abziehen und das Fruchtfleisch klein schneiden. Alles in einer Schüssel vermengen und servieren.

Pro Portion: 67 kcal | 6 g KH | 3 g EW | 3 g Fett

4 Portionen

Türkischer Karottensalat

Zutaten

500 g	Karotten
40 g	Öl
250 g	Sahnejoghurt, 10%
1 TL	Salz
¼ TL	Pfeffer, gem.

Zubereitung

Karotten in Stücken in den Mixtopf geben und **7 Sek./Stufe 5** zerkleinern. Öl zugeben und **10 Min./100°C/ /Stufe 1.5** dünsten.

In eine Schüssel umfüllen und abkühlen lassen. Joghurt, Salz und Pfeffer unterrühren.

Pro Portion: 214 kcal | 8 g KH | 5 g EW | 16 g Fett

Dazu servieren Sie etwas Fladenbrot.
Baba Ghanoush
Auberginencreme
Türkischer
Tomatensalat

Weiße Bohnen
Türkischer Art
Acı Biber Turşusu
Auch kleine Peperoni
können Sie mit auf den
Tisch stellen.
Bulgursalat

Weiße Bohnen

Türkischer Art

6 Portionen

Zutaten

800 g	weiße Bohnen (große Dose)
1	Zitrone, Saft davon
1	Zwiebel (100 g)
1	Karotte (100 g)
1 Stange Sellerie	
2 EL	Olivenöl
1 TL	Tomatenmark
25 g	Acı Biber Salçası (scharfes Paprikamark)
1 TL	Acı Pul Biber Tatlı (süße türkische Paprikaflocken)
1 EL	Granatapfelsirup (Nar Ekşisi)
100 g	Wasser
½ TL	Kreuzkümmel, gem.
etwas	Salz & Pfeffer

Zubereitung

Bohnen absieben, unter laufendem Wasser waschen und in eine Schüssel geben. Zitrone auspressen und den Saft über die Bohnen geben.

Zwiebel, Karotte und Sellerie in Stücken in den Mixtopf geben und **5 Sek./Stufe 5** zerkleinern. Olivenöl, Tomatenmark, Paprikamark, Paprikaflocken und Granatapfelsirup zugeben und **2 Min./Varoma/Stufe 1** dünsten.

Wasser, Kreuzkümmel sowie etwas Salz und Pfeffer zugeben und das Ganze **20 Min./100°C/Stufe 0.5** ohne eingesetzten Messbecher kochen. Dabei Gareinsatz als Spritzschutz auf das Deckelloch stellen.

Zu den Bohnen in die Schüssel geben und gut vermengen.

Pro Portion: 178 kcal | 24 g KH | 10 g EW | 3 g Fett

Nar Ekşisi Granatapfelsirup hat eine einzigartige würzig-säuerliche Note und ist in türkischen Feinkostgeschäften und gutsortierten Supermärkten erhältlich.

Achtung: Nicht mit Grenadine vergleichbar!

4 Portionen

Türkischer Tomatensalat

Zutaten

1	Salatgurke
5	Tomaten
1	Zwiebel
1 Handvoll	Petersilie
1 Handvoll	Acı Biber Turşusu*
3 EL	Olivenöl
1	Zitrone, Saft davon
etwas	Salz & Pfeffer

Zubereitung

Gurke längs halbieren, Kerne entfernen und in Scheiben schneiden. Tomaten in Stücke schneiden. Zwiebel in feine Ringe schneiden und mit heißem Wasser übergießen. Etwas ziehen lassen. Petersilie hacken. Alles zusammen mit abgetropften Peperonis in eine Schüssel geben. Olivenöl, Zitronensaft, Salz und Pfeffer zugeben und gut vermengen.

*Acı Biber Turşusu
Scharfe Peperonis in Salzlake

Pro Portion: 98 kcal | 5 g KH | 2 g EW | 7 g Fett

Türkischer Bulgursalat

6 Portionen

Zutaten

250 g	feiner Bulgur (Köftelik Bulgur)
500 g	Wasser
2	Frühlingszwiebeln
1 P.	Mini-Fetawürfel (135 g)
1 Bund	Petesilie, gehackt
50 g	Olivenöl
75 g	Tomatenmark
75 g	Acı Biber Salçası (scharfes Paprikamark)
2 EL	Granatapfelsirup (Nar Ekşisi)
1 TL	Salz
1 EL	Paprikapulver, edelsüß
1	Zitrone, Saft davon

Zubereitung

Bulgur in eine Schüssel geben und mit 500 g kochendem Wasser übergießen. 15 Min. quellen lassen. Frühlingszwiebeln in Ringe schneiden und zusammen mit dem Feta nach der Quellzeit zugeben.

Petesilie in den Mixtopf geben und **5 Sek./Stufe 7** hacken. Restliche Zutaten zugeben und **10 Sek./Stufe 4** vermischen. Über den Bulgur geben und alles gut vermengen.

Pro Portion: 306 kcal | 38 g KH | 10 g EW | 12 g Fett

Baba Ghanoush

mit Weißkäse

Zutaten

2 Auberginen
ca. 4 EL Olivenöl
1 Handvoll Petersilie
2 Knoblauchzehen
ca. 250 g Weißkäse in Salzlake (Beyaz Peynir)
etwas Salz & Pfeffer

Hält sich 2-3 Tage im Kühlschrank.

Pro Portion: 153 kcal | 2 g KH
5 g EW | 13 g Fett

Zubereitung

Auberginen längs halbieren und die Schnittfläche mit Olivenöl bepinseln. Mit der Schnittseite nach unten auf ein mit Backpapier belegtes Backblech legen. Im vorgeheizten Backofen bei 220°C Umluft ca. 35-40 Min. garen.

Petersilie und Knoblauch in den Mixtopf geben und **5 Sek./Stufe 5** zerkleinern. Auberginen samt Haut zugeben und erneut **5 Sek./Stufe 5** zerkleinern. Weißkäse zugeben und **5 Sek./Stufe 5** mixen. Alles mit dem Spatel nach unten schieben und **1 Min./Stufe 3** cremig rühren. Mit Salz und Pfeffer abschmecken.

6 Portionen

Paprika-Muhammara

Zutaten

1 Glas	geröstete Paprika, mild (200 g Abtr.gew.)
50 g	Walnusskerne
30 g	Paniermehl
1 kl. Handvoll	Petersilie
1 EL	Zitronensaft
1 EL	Olivenöl
1 EL	Granatapfelsirup (Nar Ekşisi)
1 TL	Kreuzkümmel, gem.
etwas	Salz & Pfeffer

Zubereitung

Alle Zutaten in den Mixtopf geben und **15 Sek./Stufe 8** mixen.

In eine Schüssel umfüllen und servieren.

Dazu servieren Sie Naan-Brot, siehe Tipp auf Seite 5.

Pro Portion: 106 kcal | 8 g KH | 2 g EW | 7 g Fett

Börek
mit Fetafüllung
... und dazu
Joghurt-Dip

Börek

24 Stück

Zutaten

1 P. Yufkateig-Dreiecke (24 Stück, 360 g)

Für die Füllung

2 Knoblauchzehen
1 gr. Handvoll Petersilie
500 g Fetakäse (feste Konsistenz)
½ TL Minze, getr.
½ TL Paprikapulver, edelsüß
etwas Pfeffer, frisch gem.

Zubereitung

Für die Füllung Knoblauch und Petersilie **5 Sek./Stufe 5** zerkleinern. Fetakäse in Stücken sowie restliche Zutaten für die Füllung zugeben und **12 Sek./Stufe 3.5** zerbröseln.

Etwas Füllung auf die breite Seite eines Teigdreiecks geben und mit zwei Umdrehungen einrollen. Nun die Ecken (links und rechts) nach innen schlagen und weiter zur Spitze hin aufrollen. Das Ende der Spitze mit etwas Wasser bepinseln und vollständig aufrollen. In einer Pfanne mit reichlich Öl goldbraun frittieren und auf einem Küchenkrepp abkühlen lassen.

Pro Börek: 96 kcal | 9 g KH | 5 g EW | 5 g Fett

Joghurt-Dip

Zutaten

1 Knoblauchzehe
1 Handvoll Dill
1 Handvoll Petersilie
1 TL Minze, getr.
½ TL Salz
etwas Pfeffer, frisch gem.
200 g Sahnejoghurt, 10% Fett
1 EL Olivenöl
75 g Fetakäse

Zubereitung

Knoblauch, Dill und Petersilie **5 Sek./Stufe 6** zerkleinern. Restliche Zutaten zugeben und **10 Sek./Stufe 5** mixen.

Pro 30 g: 59 kcal | 1 g KH | 3 g EW | 5 g Fett

Gewürzpaste

Acili Ezme

Zutaten

2	Tomaten (ca. 170 g)
1	rote Spitzpaprika
2	Knoblauchzehen
1	kl. Chilischote, scharf
1	rote Zwiebel, halbiert
1 Bund	Petersilie
½	Zitrone, Saft davon
15 g	Granatapfelsirup (Nar Ekşisi)
1 EL	getr. Minze
1 TL	Acı Pul Biber
1 geh. TL	Sumach
30 g	Acı Biber Salçasi, (scharfes Paprikamark)
20 g	Tomatenmark
20 g	Olivenöl
etwas	Salz & Pfeffer

Zubereitung

Alle Zutaten im Mixtopf **20 Sek./Stufe 6** mixen. Masse durch ein Sieb drücken und Flüssigkeit dabei auffangen.

Paste in eine Schüssel füllen, 2 EL der Flüssigkeit wieder zugeben und vermengen.

Ein scharfer Mezze-Begleiter. Lecker zu Börek, gefüllten Weinblättern oder als Brotaufstrich.

Pro 50 g: 38 kcal | 3 g KH | 1 g EW | 2 g Fett

Gewürzmischung

Za'atar

Zutaten

2 EL	geröstete Sesamsamen
2 EL	Sumach
2 EL	getr. Thymian
1 EL	getr. Oregano
1 EL	getr. Majoran
1 TL	Kreuzkümmel, gem.
½ TL	Meersalz

Zubereitung

Alle Zutaten im Mixtopf **5 Sek./Stufe 9** mixen. In ein Schraubglas umfüllen. Luftdicht und trocken aufbewahren.

Pro EL: 37 kcal | 3 g KH
1 g EW | 2 g Fett

Tahini Dip

6 Portionen

Zutaten

1 Handvoll	Koriander
2	Datteln, getr.
1	Avocado
1	rote Spitzpaprika
1	rote Peperoni
1 EL	Tahin (Sesammus)
1 EL	Za'atar (siehe oben)
etwas	Salz & Pfeffer
20 g	Zitronensaft
1 TL	Kreuzkümmel, gem.

Zubereitung

Koriander und Datteln im Mixtopf **5 Sek./Stufe 9** zerkleinern. Restliche Zutaten zugeben und **5 Sek./Stufe 6** mixen. Mit dem Spatel nach unten schieben und **30 Sek./Stufe 3.5** cremig rühren.

Pro Portion: 125 kcal | 5 g KH | 2 g EW | 11 g Fett

Auberginen
mit Walnusscreme

4 Portionen

Zutaten

1 Aubergine
1 Knoblauchzehe
50 g Walnusskerne
¼ TL Koriander, gem.
1 Msp. Zimt
1 Msp. Chilipulver
etwas Safran, gem.
1 TL Weißweinessig
25 g Olivenöl
etwas Granatapfelkerne
etwas Koriander, gehackt
etwas Öl zum Anbraten und Servieren

Zubereitung

Aubergine in dünne Scheiben hobeln und auf einem Küchenkrepppapier auslegen. Mit Salz würzen und 15 Min. ziehen lassen.

In der Zwischenzeit Knoblauch und Walnusskerne im Mixtopf **5 Sek./Stufe 8** zerkleinern. Gewürze, Essig und Öl zugeben und **5 Sek./Stufe 3** vermengen. Mit dem Spatel alles nach unten schieben und nochmal **10 Sek./Stufe 3** cremig rühren.

Auberginen trocken tupfen und in einer Pfanne mit heißem Öl von beiden Seiten anbraten. Danach wieder auf einem Küchenkrepp abtropfen lassen.

Auberginen mit etwas Walnusscreme und Granatapfelkernen füllen. Auf eine Servierplatte legen und mit gehacktem Koriander und etwas Olivenöl garnieren.

Pro Portion: 168 kcal | 3 g KH | 3 g EW | 15 g Fett

Türkische Pide

Füllungen finden Sie auf den nächsten Seiten >>

8 Stück

Zutaten

360 g Wasser
½ Würfel frische Hefe
2 TL Zucker
300 g Weizenmehl, Type 405
300 g Pizzamehl, Type 00
1 EL Öl
1 TL Salz

Zum Bestreichen:
1 Eigelb mit 3 EL Öl vermengt

Zum Bestreuen:
etwas Sesam oder Schwarzkümmelsamen

Zubereitung

Wasser, Hefe und Zucker in den Mixtopf geben und **2 Min./37°C/Stufe 1** erwärmen. Beide Mehlsorten, Öl und Salz zugeben und **2 Min./Teigstufe** kneten.

Teig im Mixtopf ca. 45 Min. gehen lassen, bis dieser das Deckelloch erreicht hat. Teig aus dem Mixtopf nehmen und in 8 Portionen (à ca. 120 g) teilen.

Jede Teigportion auf etwas Mehl zu einem ovalen Fladen ausrollen, dabei immer wieder wenden und etwas Mehl zugeben. Teigfladen auf zwei mit Backpapier belegte Backbleche geben.

Die jeweilige Füllung auf dem Teig platzieren, dabei umlaufend einen fingerbreiten Rand frei lassen. Teigränder links und rechts zur Mitte einschlagen und die Enden ineinander verdrehen. Teigränder mit Ei-Öl-Gemisch bestreichen und mit Sesam bestreuen. Im vorgeheizten Backofen bei 180°C Umluft ca. 20 Min. backen.

Spinat-Feta-Füllung

für 4 Stück

Zutaten

2	Knoblauchzehen
2	Zwiebeln, halbiert
1 EL	Öl
500 g	TK-Spinat, aufgetaut
1 TL	Salz
1 TL	Paprikapulver, edelsüß
½ TL	Muskat, gem.
½ TL	Pfeffer, gem.
400 g	Fetakäse, in Stücken

Zubereitung

Knoblauch und Zwiebeln im Mixtopf **5 Sek./Stufe 5** zerkleinern. Mit dem Spatel nach unten schieben. Öl zugeben und **2 Min./Varoma/Stufe 1** dünsten.

Spinat, Gewürze und Feta zugeben und **5 Sek./Stufe 5** vermengen.

Pro Pide: 617 kcal | 59 g KH | 31 g EW | 28 g Fett

Hackfleisch-Füllung

für 4 Stück

Zutaten

3	kl. Zwiebeln, halbiert
1	Knoblauchzehe
1 Handvoll	Petersilie
40 g	Tomatenmark
40 g	Wasser
1	gr. Tomate
2 TL	Acı Pul Biber
350 g	Rinderhackfleisch
etwas	Salz & Pfeffer

Zubereitung

Zwiebeln, Knoblauch und Petersilie in den Mixtopf geben und **5 Sek./Stufe 5** mixen. Tomatenmark und Wasser zugeben und **5 Sek./Stufe 3** vermengen.

Tomate in kleine Würfel schneiden, zusammen mit den restlichen Zutaten zugeben und **5 Sek./Stufe 3** verrühren.

Wer möchte, kann noch Gurkenwürfel vor dem Servieren darüber streuen.

Pro Pide: 532 kcal | 59 g KH | 29 g EW | 16 g Fett

Mangojoghurt mit Safran

Zutaten

500 g	Sahnejoghurt, 10% Fett
50 g	Zucker
0,1 g	Safranfäden
20 g	Milch, 1,5%
½ TL	Kardamom, gem.
30 g	Pistazienkerne, gehackt
1	Mango

Pro Glas: 278 kcal | 24 g KH
6 g EW | 17 g Fett

Zubereitung

Den Gareinsatz mit Küchenkrepp-papier auslegen und Joghurt hineingeben. Gareinsatz in eine Schüssel stellen und den Joghurt über Nacht im Kühlschrank abtropfen lassen.

Zucker, Safranfäden, Milch und Kardamom im Mixtopf **2 Min./80°C/Stufe 2** vermengen. Abkühlen lassen. Joghurt und 20 g Pistazien zugeben und **10 Sek./Stufe 3.5** cremig rühren. In 4 kleine Gläser füllen. Mango-fruchtfleisch würfeln und auf den Gläsern verteilen. Mit restlichen Pistazien bestreut servieren.

Persische Pistazienbällchen

Zutaten

100 g	gem. Mandeln, blanchiert
60 g	Pistazienkerne
20 g	Orangensaft
20 g	Rosenwasser
0,1 g	Safran, gem.
150 g	Datteln, getr.
1 Prise	Salz
1 EL	Zitronensaft
1 TL	Vanilleextrakt
25 g	Kokosöl
1 EL	geriebene Orangenschale
¼ TL	Kardamom, gem.
¼ TL	Ingwer, gem.

Zum Wälzen: je 2 EL Himbeerstückchen, gefriergetrocknet, weißer Sesam, schwarzer Sesam, gehackte Pistazien

Zubereitung

Mandeln und Pistazien in den Mixtopf geben und **6 Sek./Stufe 10** zerkleinern. Umfüllen.

Orangensaft, Rosenwasser und Safran in den Mixtopf geben und **3 Sek./Stufe 3** mischen. Datteln zugeben und **6 Sek./Stufe 8** zerkleinern. Gemisch aus Mandeln und Pistazien sowie restliche Zutaten zugeben und **20 Sek./Stufe 3.5** vermengen.

Aus der Masse kleine Kugeln formen und in Himbeeren, Sesam und Pistazien wälzen. Kugeln im Kühlschrank aufbewahren und kalt genießen.

Pro Kugel: 44 kcal | 4 g KH | 1 g EW | 3 g Fett

8 Portionen

Auberginen-Tomatensugo

Zutaten

4 Auberginen
ca. 150 g Öl*
etwas Salz & Pfeffer

Für die Sauce

1 Handvoll Petersilie
3 B. Crème fraîche (à 150 g)
etwas Salz & Pfeffer
1 EL Zitronensaft
2 EL Milch, 1,5%

Für das Tomatensugo

650 g Tomaten
1 Zwiebel, halbiert
2 Knoblauchzehen
20 g Olivenöl
1 TL Salz
¼ TL Pfeffer, gem.
etwas Harissagewürz
100 g Tomatenmark
50 g Ajvar

*Auberginen brauchen viel Öl, um richtig weich und lecker zu werden. Bitte nicht sparen!

Zubereitung

Backofen auf 180°C Umluft vorheizen.

Auberginen in Scheiben schneiden und auf ein mit Backpapier belegtes Backblech geben. Auf alle Scheiben ausreichend Öl geben. Im Backofen erst 15 Min. garen, danach Ofen ausschalten und noch 20 Min. ziehen lassen.

In der Zwischenzeit die Sauce mit Crème fraîche herstellen: Petersilie in den Mixtopf geben und **5 Sek./Stufe 7** hacken. Restliche Zutaten zugeben und **10 Sek./Stufe 3.5** vermengen. Ggf. etwas mehr Milch zugeben. Die Sauce sollte eine sehr cremige Konsistenz haben. Sauce umfüllen und Mixtopf spülen.

Für das Tomatensugo die Tomaten klein würfeln, beiseitestellen. Zwiebel und Knoblauch im Mixtopf **5 Sek./Stufe 5** zerkleinern. Mit dem Spatel nach unten schieben, Öl zugeben und **3 Min./120°C/Stufe 1** dünsten. Tomatenwürfel mit Salz, Pfeffer sowie etwas Harissagewürz zugeben. Das Ganze **30 Min./100°C/Stufe 0.5** garen. Danach Tomatenmark und Ajvar **10 Sek./Stufe 3** unterrühren.

Nun die Crème fraîche Sauce, Auberginenscheiben und Tomatensugo im Wechsel auf eine tiefe Platte oder Auflaufform schichten.

Die Auberginenplatte im Kühlschrank mehrere Stunden durchziehen lassen.

Pro Portion: 387 kcal | 11 g KH | 5 g EW | 36 g Fett

Bulgur Cigköfte

70-75 kleine Röllchen
ca. 10 Portionen

Zutaten

250 g	rote Linsen
500 g	Wasser, lauwarm
2 TL	Salz
½ TL	Pfeffer, gem.
1 TL	Kreuzkümmel, gem.
1 TL	Sumach Gewürz
1	Zitrone, Saft davon
4	Knoblauchzehen
1 EL	Öl
700 g	Wasser
50 g	Ajvar, mild
130 g	Tatlı Biber Salçası (Paprikamark, mild)
400 g	feiner Bulgur (Köftelik Bulgur)
3	Frühlingszwiebeln
½ Bund	Petersilie
4 EL	Olivenöl

Zubereitung

Linsen in den Gareinsatz einwiegen und unter laufendem Wasser gut waschen. In den Mixtopf schütten und 500 g Wasser zugeben. Die Linsen nun **13 Min./100°C/Stufe 0.5** garen. Danach in eine große Schüssel füllen. Gewürze und Zitronensaft zugeben. Mixtopf spülen.

Knoblauch in den Mixtopf geben und **5 Sek./Stufe 5** zerkleinern. Mit dem Spatel nach unten schieben. Öl zugeben und **2 Min./Varoma/Stufe 1** garen. Wasser zugeben und **8 Min./100°C/Stufe 1** aufkochen.

Währenddessen die Schüssel mit den Linsen auf den Mixtopfdeckel stellen und die Waage aktivieren. Ajvar, Paprikamark und Bulgur zu den Linsen geben. Schüssel zur Seite stellen und kochendes Wasser darüber gießen. Alles mit einem Löffel gut vermengen und 15 Min. ziehen lassen.

In der Zwischenzeit Frühlingszwiebeln in feine Ringe schneiden und Petersilie mit einem Messer hacken. Nach der Quellzeit beides zum Bulgur geben, 4 EL Olivenöl zugeben und alles mit den Händen gut verkneten. Nochmal mit etwas Zitronensaft und Salz abschmecken. Zu kleinen „Würstchen“ rollen, ähnlich wie Cevapcici und auf einer Platte anrichten.

Pro Portion: 290 kcal | 47 g KH | 11 g EW | 6 g Fett

Marinierter Weißkäse

6 Portionen

Zutaten

- 270 g Weißkäse in Salzlake (Beyaz Peynir)
- 2 EL Walnusskerne
- 1 Handvoll Petersilie
- 1 kl. Handvoll Estragon
- 1 EL Schwarzkümmelsamen
- 1 EL Acı Pul Biber Tatlı (süße türkische Paprikaflocken)
- 2 EL Olivenöl
- 2 EL Zitronensaft
- etwas Salz & Pfeffer

Zubereitung

Weißkäse mit den Händen zerbröseln und in eine Schüssel geben.

Walnusskerne, Petersilie und Estragon im Mixtopf **5 Sek./Stufe 4** hacken. Restliche Zutaten zugeben und **3 Sek./Stufe 5** mischen. Über den Käse geben und vermengen. Vor dem Servieren 2 Std. im Kühlschrank durchziehen lassen.

Pro Portion: 203 kcal | 2 g KH | 8 g EW | 18 g Fett

18 Bällchen

Frischkäse-Bällchen

Zutaten

1 Handvoll Petersilie
1 Handvoll Minze
1 Frühlingszwiebel
30 g Walnusskerne
200 g Fetakäse
50 g Doppelrahm-Frischkäse
etwas Salz & Pfeffer

Zum Wälzen:
gehackte Petersilie und
3-4 EL geröstete Sesamsamen

Zubereitung

Petersilie, Minze, Frühlingszwiebel und Walnusskerne im Mixtopf **5 Sek./Stufe 5** zerkleinern. Restliche Zutaten zugeben und **10 Sek./Stufe 3.5** vermengen.

Aus der Masse mit den Händen kleine Bällchen formen und in einer Mischung aus Petersilie und Sesam wälzen.

Pro Bällchen: 50 kcal | 1 g KH | 3 g EW | 4 g Fett

Gurken-Raita

Zutaten

1 Handvoll Minze	
150 g	Gurke, geschält, ohne Kerne
300 g	Sahnejoghurt, 10%
½ TL	Salz
½ TL	Paprikapulver, edelsüß
½ TL	Kreuzkümmel, gem.
1 TL	Öl

Für das Topping:
etwas rote Zwiebel, rote Peperoni, Petersilie, Pul Biber und Öl

Zubereitung

Minze in den Mixtopf geben und **5 Sek./Stufe 7** hacken. Gurke in Stücken zugeben und **5 Sek./Stufe 4** zerkleinern. Mit dem Spatel nach unten schieben.

Restliche Zutaten zugeben und **10 Sek./Stufe 3** verrühren. Im Kühlschrank 1 Std. durchziehen lassen.

Zutaten für das Topping fein hacken und auf den Dip geben.

Pro Portion (50 g): 59 kcal | 2 g KH | 2 g EW | 5 g Fett

Libanesische Batata Harra

6 Portionen

Zutaten

600 g	junge Kartoffeln (Drillinge)
2	Knoblauchzehen
40 g	Öl
1 TL	Salz
1 EL	Sesamsamen
1 EL	Pul Biber (Paprikaflocken)
1 kl. Handvoll	Petersilie, gehackt
1	Limette

Zubereitung

Backofen auf 200°C Umluft vorheizen. Kartoffeln waschen und in kleine Würfel schneiden.

Knoblauch im Mixtopf **5 Sek./Stufe 6** zerkleinern. Öl und Salz zugeben und **5 Sek./Stufe 3** mischen. Knoblauchöl mit den Kartoffelwürfeln vermengen und auf ein mit Backpapier belegtes Backblech geben. 20 Min. im Ofen garen.

Sesam, Paprikaflocken und gehackte Petersilie mit den Kartoffeln in einer Schüssel vermengen. Mit Limettenspalten servieren.

Pro Portion: 132 kcal | 16 g KH | 3 g EW | 7 g Fett

Köfte

mit Paprika-Joghurtsauce

Pro Portion: 350 kcal | 11 g KH | 31 g EW | 16 g Fett

36 - 38 Stück
ca. 6 Portionen

Zutaten

2	Knoblauchzehen
1	gr. Zwiebel, halbiert (150 g)
1 Handvoll	Minze
1 Handvoll	Petersilie
800 g	Rinderhackfleisch
2 EL	Tomatenmark
1	Ei
20 g	Paniermehl
1 EL	Paprikapulver, edelsüß
1 TL	Salz
½ TL	Pfeffer, gem.
½ TL	Zimt
½ TL	Kardamom

Für die Sauce

500 g	rote Paprika
20 g	Apfelessig
50 g	Sahnejoghurt, 10%
1 TL	Zucker
½ TL	Salz
1 TL	Paprikapulver, rosenscharf

Zubereitung

Backofen auf 200°C Umluft vorheizen. Paprikaschoten für die Sauce im Ganzen auf ein mit Backpapier belegtes Backblech legen und ca. 30-40 Min. garen, bis sich die Haut dunkel färbt. Danach mit einem nassen Geschirrtuch abdecken und abkühlen lassen.

Knoblauch, Zwiebel, Minze und Petersilie im Mixtopf **5 Sek./Stufe 5** hacken. Restliche Zutaten zugeben und **2 Min./Teigstufe** zu einer gleichmäßigen Masse verarbeiten. Aus dem Teig kleine Röllchen formen und in einer Pfanne mit etwas Öl kurz scharf anbraten. Auf ein mit Backpapier belegtes Backblech legen. Im vorgeheizten Backofen in 12 Min. fertig garen.* Auf ein Küchenkrepp legen und kurz abtropfen lassen.

Mixtopf spülen. Für die Sauce die Haut und Kerne der Paprikaschoten entfernen und das Fruchtfleisch zusammen mit den restlichen Zutaten für die Sauce im Mixtopf **10 Sek./Stufe 8** pürieren.

***Hinweis:** Die Köfte können zusammen mit den Paprikaschoten im Ofen gegart werden.

Zum Servieren etwas Paprikasauce auf einen Teller geben und die Köfte darauflegen. Geben Sie noch einen Klecks Joghurt in die Mitte.

10 Stück

Poğaça

Teigtaschen mit Hackfleisch-Füllung

Pro Teigtasche: 314 kcal | 35 g KH | 11 g EW | 13 g Fett

Zutaten

15 g	frische Hefe
2 TL	Zucker
1 TL	Salz
120 g	Wasser
1	Ei
80 g	Butter
450 g	Weizenmehl, Type 405
130 g	Naturjoghurt, 3,5 %

Für die Füllung

1	Zwiebel, halbiert
2 EL	Öl
1 TL	Tatlı Biber Salçası (Paprikamark, mild)
1 TL	Acı Pul Biber Tatlı (süße türkische Paprikaflocken)
200 g	Rinderhackfleisch
etwas	Petersilie, gehackt
1 TL	Paprikapulver, edelsüß
etwas	Salz & Pfeffer
1	Eiweiß
etwas	Öl zum Anbraten

Zum Bestreichen

1 Eigelb mit 1 EL Öl vermischt

1 EL Schwarzkümmelsamen

Zubereitung

Hefe, Zucker, Salz, Wasser, Ei und Butter im Mixtopf **2 Min./37°C/Stufe 1** erwärmen. Mehl und Joghurt zugeben und **4 Min./Teigstufe** kneten. Teig umfüllen und abgedeckt ca. 1 Std. gehen lassen.

In der Zwischenzeit Füllung zubereiten. Zwiebel in den Mixtopf geben und **5 Sek./Stufe 5** zerkleinern. Mit dem Spatel nach unten schieben. Öl, Paprikamark und Paprikaflocken zugeben und **2 Min./Varoma/Stufe 1** dünsten.

Hackfleisch, Petersilie, Paprikapulver sowie etwas Salz und Pfeffer zugeben und **10 Sek./ ↺ /Stufe 3** vermengen. Masse umfüllen und etwas abkühlen lassen. Eiweiß unterrühren. Hackfleischmasse in einer Pfanne mit etwas Öl anbraten. Abkühlen lassen.

Teig in kleine Portionen (à ca. 50 g) teilen und rund rollen. Auf etwas Mehl zu Fladen (Ø 10 cm) ausrollen. Etwas Füllung in die Mitte geben. Den Rand zur Hälfte mit Eigelb bestreichen und den Teig über die Füllung schlagen. Teigtasche gut verschließen (siehe Bild) und auf ein mit Backpapier belegtes Backblech legen. Mit Eigelb-Öl-Mischung bestreichen und mit Schwarzkümmelsamen bestreuen. Im vorgeheizten Backofen bei 180°C Umluft ca. 20 Min. backen.

Orientalischer
Gewürzreis
mit Curry-
Limetten-Dip

6 Portionen

Zutaten

2 P.	Express-Reis (à 250 g)*
40 g	Butter
4 EL	Öl
50 g	Rosinen
2 TL	Zucker
30 g	gehackte Pistazien
½ TL	Kurkuma, gem.
½ TL	Ingwer, gem.
1 TL	Zimt
1 TL	Paprikapulver, edelsüß
1 EL	Currypulver
¼ EL	Kardamom
3-4 EL	Wasser

Für den Dip

200 g	Schmand
1 EL	Currypulver
1	Limette, Saft davon
etwas	Salz & Pfeffer

*Wer möchte, kann den Reis auch selbst kochen. Verwenden Sie dann 500 g gekochten Reis.

Zubereitung

Express-Reis in eine Pfanne geben und beiseitestellen.

Restliche Zutaten (außer Wasser) in den Mixtopf geben und **4 Min./80°C/Stufe 2** erhitzen. Über den Reis geben und in der Pfanne etwas anbraten. Damit das Ganze nicht zu trocken wird, 3-4 EL Wasser hinzugeben.

Reis in eine Schüssel umfüllen und abkühlen lassen.

Für den Dip alle Zutaten in einer Schüssel verrühren. Reis zusammen mit dem Curry-Limetten-Dip servieren.

Pro Portion: 365 kcal | 36 g KH | 6 g EW | 23 g Fett

Vorbereitungszeit: 24 Stunden

Türkische Falafel

ca. 25 Bällchen

Zutaten

500 g getrocknete Kichererbsen
1 Zwiebel, halbiert
4 Knoblauchzehen
1 Handvoll Koriander
1 Handvoll Petersilie
1 ½ TL Salz
1 TL Paprikapulver, edelsüß
etwas Chiliflocken
1 TL Backpulver
2 TL Kreuzkümmel, gem.
2 TL Koriander, gem.

etwas Öl zum Anbraten

Pro Bällchen: 76 kcal | 9 g KH
4 g EW | 2 g Fett

Zubereitung

Kichererbsen in eine Schüssel geben und mit reichlich Wasser bedecken. Für 20-24 Std. durchziehen lassen. Danach absieben.

Zwiebel, Knoblauch, Koriander und Petersilie im Mixtopf **5 Sek./Stufe 5** hacken. Kichererbsen und restliche Zutaten zugeben und **25 Sek./Stufe 8** mixen. Mit dem Spatel alles durchrühren und nochmal **15 Sek./Stufe 6** mixen. Erneut mit dem Spatel alles durchrühren und wieder **15 Sek./Stufe 6** mixen, bis eine einheitliche Masse entstanden ist. Wieder in eine Schüssel geben und 1 Std. in den Kühlschrank stellen.

Aus der Masse mit den Händen kleine Bällchen formen und in einer Pfanne mit reichlich Öl anbraten. Alternativ in einem Topf mit Öl frittieren.

Dazu servieren Sie z.B. den Joghurtdip von Seite 19.

Super cremiger Hummus

Zutaten

700 g	gekochte Kichererbsen (Dose)
1 TL	Backnatron
1	kl. Zitrone, Saft davon
2	Knoblauchzehen
100 g	Tahin (Sesammus)
1 TL	Kreuzkümmel, gem.
¼ TL	Salz

Für das Topping:

1-2 EL	Olivenöl
etwas	gehackte Petersilie
einige	Oliven
etwas	Paprikaflocken

Pro Portion (50 g): 99 kcal | 7 g KH
4 g EW | 5 g Fett

Zubereitung

Kichererbsen samt Flüssigkeit in den Mixtopf geben. Natron zugeben und alles **22 Min./100°C/Sanftrührstufe** kochen. Messbecher dabei nicht einsetzen. Sollte es zu schäumen beginnen, Temperatur auf 95°C zurückstellen und etwas Öl durch das Deckelloch zugießen. Danach die aufgeplatzten Kichererbsen in ein Haarsieb geben und Flüssigkeit auffangen (wird später benötigt). 15 Min. abkühlen lassen.

Kichererbsen zusammen mit restlichen Zutaten im Mixtopf **15 Sek./Stufe 8** mixen. Danach 6-8 EL der Flüssigkeit zugeben, mit dem Spatel nach unten schieben und **20 Sek./Stufe 5** cremig rühren. Es sollte eine sehr cremige Konsistenz entstehen. In eine flache Schale geben. Mit Öl, Petersilie, Oliven und Paprikaflocken garnieren.

Taboulé mit Bulgur

4 Portionen

Zutaten

1 gr. Bund Petersilie	
2	Tomaten
1 Handvoll Minzblätter	
1	kl. rote Zwiebel
1	kl. Zitrone, Saft davon
2 EL	Olivenöl
30 g	feiner Bulgur (Köftelik Bulgur)
etwas	Zimt, Salz & Pfeffer

Pro Portion: 103 kcal | 8 g KH
2 g EW | 7 g Fett

Zubereitung

Petersilie mit einem großen Messer hacken. Tomaten klein würfeln. Beides in eine Schüssel geben.

Minze im Mixtopf **5 Sek./Stufe 7** hacken. Zwiebel halbiert zugeben und **5 Sek./Stufe 5** zerkleinern. Saft der Zitrone und Öl zugeben und **3 Sek./Stufe 3** vermengen. Zu der Petersilie und den Tomaten geben.

Bulgur mit kochendem Wasser übergießen und quellen lassen. Zum Salat geben, mit Zimt, Salz und Pfeffer würzen und gut vermengen.

Gefüllte Peperoni

Zutaten

8	grüne Peperoni
3 EL	Essigessenz
1 TL	Salz
2 TL	Zucker

Für die Füllung

1	Knoblauchzehe
180 g	Fetakäse
100 g	Schmand
½ TL	Paprikapulver, edelsüß
¼ TL	Pfeffer, gem.

Zubereitung

In einem Topf Wasser mit Essigessenz, Salz und Zucker zum Kochen bringen. Dann für 5 Min. die ausgehöhlten Peperoni kochen. Aus dem Topf nehmen und abkühlen lassen.

Für die Füllung Knoblauch in den Mixtopf geben und **5 Sek./Stufe 5** zerkleinern. Feta zugeben und erneut **5 Sek./Stufe 5** zerkleinern. Alles mit dem Spatel nach unten schieben. Schmand und Gewürze zugeben und **1 Min./Stufe 3** vermengen. Masse in die Peperoni spritzen und bis zum Servieren kalt stellen.

Pro Stück: 82 kcal | 1 g KH | 4 g EW | 7 g Fett